Impressum
Verlag: BABADADA GmbH, Nedderfeld 112 , 22529 Hamburg
Geschäftsführer / Verlagsleitung: Harald Hof
Druck: Books on Demand GmbH, In de Tarpen 42, 22848 Norderstedt

Imprint
Publisher: BABADADA GmbH, Nedderfeld 112 , 22529 Hamburg, Germany
Managing Director / Publishing direction: Harald Hof
Print: Books on Demand GmbH, In de Tarpen 42, 22848 Norderstedt

сыйныф бүлмәсе
classroom

бүлү
divide

186/2

такта
board

мәктәп ишегалдысы
school yard

укытучы
teacher

кәгазь
paper

язу
write

ручка
pen

язу өстәле
desk

линейка
ruler

китап
book

укучы
pupil

букча

satchel

пенал

pencil case

каләм

pencil

каләм очлагыч

pencil sharpener

бетергеч

rubber

рәсем ясау өчен альбом

drawing pad

рәсем

drawing

кисточка

paintbrush

буяулар тартмасы

paint box

кайчы

scissors

җилем

glue

дәфтәр

exercise book

өйгә эш

homework

12

сан

number

2+2

кушу

add

5-2

алу

subtract

2×2

тапкырлау

multiply

исәпләү

calculate

A

хәреф

letter

ABCDEFG
HIJKLMN
OPQRSTU
VWXYZ

алфавит

alphabet

hello

сүз

word

мәктәп - school

текст

text

уку

read

акбур

chalk

дәрес

lesson

сыйныф журналы

register

имтихан

exam

диплом

certificate

мәктәп формасы

school uniform

мәгариф

education

энциклопедия

encyclopedia

университет

university

микроскоп

microscope

карта

map

кәгазь өчен кәрҗин

waste-paper basket

кунакханә
hotel

турбаза
hostel

валюта алмаштыру пункты
bureau de change

чемодан
suitcase

автомобиль
car

тел
language

әйе / юк
yes / no

яхшы
Okay

сәлам
hello

тәрҗемәче
translator

Рәхмәт
Thank you

Күпме тора…?

how much is…?

Мин аңламыйм

I do not understand

проблема

problem

Хәерле кич!

Good evening!

Хәерле иртә!

Good morning!

Тыныч йокы!

Good night!

хушыгыз

bye bye

юнәлеш

direction

багаж

luggage

букча

bag

рюкзак

backpack

кунак

guest

бүлмә

room

йоклар өчен капчык

sleeping bag

палатка

tent

туристик мәгълүмат

tourist information

пляж

beach

кредит картасы

credit card

иртәнге аш

breakfast

төш

lunch

кичке аш

dinner

билет

ticket

лифт

lift

почта маркасы

stamp

чик

border

таможня

customs

илчелек

embassy

виза

visa

паспорт

passport

очкыч
aeroplane

кораб
ship

янгын автомобиле
fire engine

автобус
bus

йөк машинасы
truck

моторлы көймә
motorboat

велосипед
bike

автомобиль
car

пapoм
....
ferry

көймә
....
boat

мотоцикл
....
motorbike

полиция автомобиле
....
police car

узыш автомобиле
....
racing car

вакытлыча алып торган
автомобиль
....
rental car

Автомобильләр белән
уртак файдалану

car sharing

буксирлау автомобиле

breakdown truck

чүп ташучы

refuse truck

двигатель

motor

ягулык

fuel

заправка

petrol station

юл билгесе

traffic sign

хәрәкәт

traffic

бөке

traffic jam

автомобиль тукталышы

car park

вокзал

train station

рельслар

tracks

поезд

train

трамвай

tram

вагон

carriage

вертолет

helicopter

аэропорт

airport

каланча

tower

юлчы

passenger

контейнер

container

тартма

carton

арба

cart

кәрзинкә

basket

очу / җиргә төшү

take off / land

шәһәр

city

авыл

village

шәһәр үзәге

city centre

йорт

house

кинотеатр
cinema

реклама
advert

урам фонаре
street lamp

CINEMA

урам
street

такси
taxi

киоск
snack shop

җәяүле
pedestrian

тротуар
pavement

җәяүлеләр юлы
zebra crossing

чүп чиләге
bin

юл чаты
crossing

светофор
traffic lights

алачык

hut

фатир

flat

вокзал

train station

ратуша

town hall

музей

museum

мәктәп

school

университет
university

банк
bank

хастаханә
hospital

кунакханә
hotel

даруханә
pharmacy

офис
office

китап кибете
book shop

кибет
shop

чәчәк кибете
florist's

супермаркет
supermarket

базар
market

универмаг
department store

балык кибете
fishmonger's

сәүдә үзәге
shopping centre

порт
harbour

парк

park

эскәмия

bench

күпер

bridge

баскыч

stairs

метро

underground

тоннель

tunnel

автобус тукталышы

bus stop

бар

bar

ресторан

restaurant

почта тартмасы

postbox

урам исеме язылган такта

street sign

паркометр

parking meter

зоопарк

zoo

бассейн

swimming pool

мәчет

mosque

шәһәр - city

ферма

farm

әйләнә-тирә мохитне пычрату

pollution

зират

graveyard

чиркәү

church

балалар мәйданчыгы

playground

гыйбадәтханә

temple

ландшафт
landscape

бит — leaf

юл күрсәткече — signpost

юл — way

болын — meadow

таш — stone

агач — tree

сәяхәтче — hiker

елга — river

үлән — grass

чәчәк — flower

үзән

valley

тау

hill

күл

lake

урман

forest

чүл

desert

вулкан

volcano

йозак

castle

салават күпере

rainbow

гөмбә

mushroom

пальма

palm tree

черки

mosquito

чебен

fly

кырмыска

ant

корт

bee

үрмәкүч

spider

коңгыз

beetle

бака

frog

тиен

squirrel

керпе

hedgehog

куян

hare

ябалак

owl

кош

bird

аккош

swan

кабан дуңгызы

boar

болан

deer

поши

moose

буа

dam

җил генераторы

wind turbine

кояш батареясы

solar panel

климат

climate

официант
waiter

меню
menu

утыргыч
chair

пицца
pizza

аш
soup

ашъяулык
tablecloth

ашханә приборлары
cutlery

кабымлык

starter

төп ашамлык

main course

десерт

dessert

эчемлекләр

drinks

азык

food

шешә

bottle

фастфуд

fast food

урам ризыгы

street food

чәйнек

teapot

шикәр савыты

sugar bowl

күләм

portion

кофе кайнаткыч

espresso machine

балалар урындыгы

high chair

исәпләү

bill

поднос

tray

пычак

knife

чәнечке

fork

кашык

spoon

чәй кашыгы

teaspoon

салфетка

serviette

стакан

glass

тәлинкә

plate

аш тәлинкәсе

soup plate

чәй тәлинкәсе

saucer

соус

sauce

тоз савыты

salt pot

борыч ваклагыч

pepper mill

серкә

vinegar

сыек май

oil

тәмләткеч

spices

кетчуп

ketchup

горчица

mustard

майонез

mayonnaise

супермаркет
supermarket

махсус тәкъдим
special offer

сатып алучы
customer

сөт продуктлары
dairy

җимешләр
fruit

кибеттәге арба
trolley

FOR

ит кибете

butcher´s

икмәк пешерү йорты

baker´s

килү

weigh

яшелчә

vegetables

ит

meat

туңдырылган продуктлар

frozen food

кисәкле ит

cold meat

консервалар

tinned food

кер юу порошогы

washing powder

тәм-томнар

sweets

көнкүреш җиһазлары

household products

юу әйбере

cleaning products

хатын-кыз сатучы

salesperson

касса

till

кассир

cashier

сатып алган әйберләрнең
исемлеге

shopping list

эш вакыты

opening hours

бумажник

wallet

кредит картасы

credit card

букча

bag

полиэтилен пакет

plastic bag

су

water

сок

juice

сөт

milk

кока-кола

coke

шәраб

wine

сыра

beer

хәмер

alcohol

какао

cocoa

чәй

tea

кофе

coffee

эспрессо

espresso

капучино

cappuccino

банан

banana

алма

apple

әфлисун

orange

карбыз

melon

лимон

lemon

кишер

carrot

сарымсак

garlic

бамбук

bamboo

суган

onion

гөмбә

mushroom

чикләвекләр

nuts

токмач

noodles

спагетти

spaghetti

дөге

rice

салат

salad

чипсы

chips

кыздырылган бәрәңге

fried potatoes

пицца

pizza

гамбургер

hamburger

сэндвич

sandwich

котлет

cutlet

ветчина

ham

салями

salami

сосиска

sausage

тавык

chicken

кыздырма

roast

балык

fish

солы кисәкләре

porridge oats

мюсли

muesli

кукуруз кисәкләре

cornflakes

он

flour

круассан

croissant

булка

bread roll

икмәк

bread

тост

toast

печенье

biscuits

май

butter

эремчек

curd

пирог

cake

йомырка

egg

йомырка тәбәсе

fried egg

сыр

cheese

туңдырма

ice cream

шикәр

sugar

бал

honey

кайнатма

jam

шоколадлы паста

chocolate spread

карри

curry

крестьян йорты
farmhouse

салам бәйләмнәре
straw bale

абзар
barn

басу
field

ат
horse

тагылма
trailer

колын
foal

трактор
tractor

ишәк
donkey

сарык бәтие
lamb

сарык
sheep

кәҗә
goat

сыер
cow

бозау
calf

дуңгыз
pig

дуңгыз баласы
piglet

үгез
bull

каз

goose

үрдәк

duck

чеби

chick

тавык

hen

әтәч

cock

күсе

rat

песи

cat

тычкан

mouse

эш үгезе

ox

эт

dog

эт оясы

doghouse

бакча шлангысы

garden hose

сусипкеч

watering can

чалгы

scythe

сабан

plough

урак

sickle

китмән

hoe

тирес сәнәге

pitchfork

балта

axe

кул арбасы

wheelbarrow

тагарак

trough

сөт өчен бидон

milk can

капчык

sack

койма

fence

абзар

stable

теплица

greenhouse

туфрак

soil

чәчү

seed

ашлама

fertilizer

комбайн

combine harvester

ферма - farm

уңыш җыю

harvest

уңыш

harvest

ямса

yams

бодай

wheat

соя

soy

бәрәңге

potato

кукуруз

corn

рапс

rapeseed

җимеш агачы

fruit tree

маниок

cassava

иген

cereals

морҗа
chimney

кыек
roof

су юлы
drainpipe

тәрәзә
window

гараж
garage

кыңгырау
doorbell

ишек
door

чүп чиләге
rubbish bin

почта тартмасы
letterbox

бакча
garden

кунак бүлмәсе

living room

ванна бүлмәсе

bathroom

аш бүлмәсе

kitchen

йокы бүлмәсе

bedroom

балалар бүлмәсе

child's room

ашханә

dining room

идән

floor

дивар

wall

түшәм

ceiling

баз

cellar

сауна

sauna

балкон

balcony

терраса

terrace

бассейн

pool

газон чапкыч

lawn mower

юрган аслыгы

sheet

япма

bedspread

карават

bed

себерке

broom

чиләк

bucket

сүндергеч

switch

обойлар
wallpaper

рәсем
picture

лампа
lamp

киштә
shelf

шкаф
cupboard

камин
fireplace

телевизор
television

чәчәк
flower

мендәр
cushion

диван
sofa

ваза
vase

дистанцион идарә итү пульты
remote control

келәм

carpet

пәрдә

curtain

өстәл

table

утыргыч

chair

тибрәткеч кәнәфи

rocking chair

кәнәфи

armchair

китап

book

япма

blanket

бизәк

decoration

утын

firewood

фильм

film

стереосистема

hi-fi equipment

ачкыч

key

газета

newspaper

картина

painting

плакат

poster

радио

radio

блокнот

notepad

тузан суыргыч

hoover

кактус

cactus

шәм

candle

суыткыч
fridge

микродулкынлы мич
microwave oven

ашханә үлчәве
kitchen scales

тостер
toaster

юу әйбере
detergent

духовка
oven

тундыргыч
freezer

чүп чиләге
rubbish bin

савыт-саба юу машинасы
dishwasher

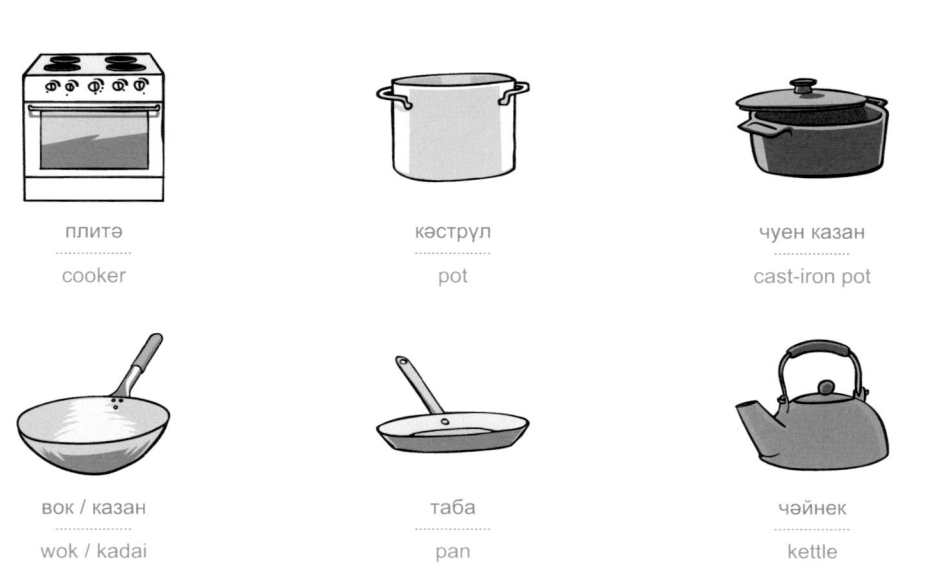

плитә	кәстрүл	чуен казан
cooker	pot	cast-iron pot

вок / казан	таба	чәйнек
wok / kadai	pan	kettle

парда пешергеч

steamer

калай таба

baking tray

савыт-саба

crockery

кружка

mug

җамаяк

bowl

таякчык

chopsticks

аш чумече

ladle

лопатка

spatula

туглауыч

whisk

иләк

strainer

иләк

sieve

кыргыч

grater

төйгеч

mortar

гриль

barbecue

учак

open fire

такта

chopping board

уклау

rolling pin

бөке суыргыч

corkscrew

калай банк

can

консерв ачу өчен пычак

can opener

эләктергеч

pot holder

раковина

sink

щётка

brush

губка

sponge

миксер

blender

туңдыру камерасы

deep freezer

ашату өчен шешә

baby bottle

кран

tap

жылыту
heating

душ
shower

сөлге
towel

душ пәрдәсе
shower curtain

кубекле ванна
bubble bath

ванна
bathtub

стакан
glass

кер юу машинасы
washing machine

плитка
tiles

кран
tap

чүлмәк
potty

раковина
sink

бәдрәф
toilet

унитаз
squat toilet

биде
bidet

писсуар
urinal

бәдрәф кәгазе
toilet paper

керпе кебек чистарткыч
toilet brush

теш щеткасы

toothbrush

теш пастасы

toothpaste

теш җебе

dental floss

юу

wash

кул душы

handheld shower

душ

douche

оча сөяге

basin

аврка өчен щетка

back brush

сабын

soap

душ өчен гель

shower gel

шампунь

shampoo

мунчала

flannel

агым

drain

крем

cream

дезодорант

deodorant

ванна бүлмәсе - bathroom

көзге

mirror

кул көзгесе

hand mirror

пәке

razor

кырыну өчен күбек

shaving foam

Кырынаганнан соң
кулланыла торган лосьон

aftershave

тарак

comb

щётка

brush

фен

hair dryer

чәчләр лагы

hairspray

косметика

makeup

ирен буявы

lipstick

тырнаклар лагы

nail varnish

мамык

cotton wool

маникюр кайчысы

nail scissors

хушбуй

perfume

косметика савыты
washbag

урындык
stool

үлчәү
weighing scale

халат
bathrobe

резин перчаткалар
rubber gloves

тампон
tampon

гигиена жәймәсе
sanitary towel

биотуалет
chemical toilet

будильник
alarm clock

йомшак уенчык
cuddly toy

уенчык автомобиль
toy car

шалтыравык
rattle

курчак йорты
doll's house

бүләк
present

һава шары

balloon

карават

bed

балалар коляскасы

pram

кәрт уены

deck of cards

пазл

jigsaw

комикс

comic

Лего кирпечекләре

lego bricks

шакмак

building blocks

уенчык

action figure

ползунки

babygrow

фрисби

frisbee

мобиль

mobile

өстәл уены

board game

шакмак

dice

тимер юл моделе

model train set

имезлек

dummy

кичә

party

рәсемнәр белән бизәлгән китап

picture book

туп

ball

курчак

doll

уйнау

play

комлык

sandpit

таган

swing

уенчык

toys

уен приставкасы

video game console

өч көпчәкле велосипед

tricycle

плюш аю

teddy bear

кием-салым шкафы

wardrobe

кием

clothing

оекбаш

socks

оек

stockings

колготки

tights

шарф
scarf

зонт
umbrella

футболка
t-shirt

каеш
belt

итек
boots

тапки
slippers

кроссовки
trainers

сандаллар

sandals

ботинкалар

shoes

резин итекләр

rubber boots

трусик

underpants

бюстгальтер

bra

майка

vest

боди

body

чалбар

trousers

джинсы

jeans

итәк

skirt

блузка

blouse

күлмәк

shirt

свитер

pullover

свитер

hoodie

спорт курткасы

blazer

жакет

jacket

пәлтә

coat

плащ

raincoat

костюм

costume

күлмәк

dress

туй күлмәге

wedding dress

ирләр костюмы

suit

төнге эчке күлмәк

nightgown

пижама

pyjamas

сари

sari

яулык

headscarf

чалма

turban

пәрәнҗә

burqa

кафтан

kaftan

абайя

abaya

коену костюмы

swimsuit

плавки

trunks

шорт

shorts

спорт костюмы

tracksuit

алъяпкыч

apron

перчаткалар

gloves

төймә

button

күзлек

glasses

беләзек

bracelet

чылбыр

necklace

балдак

ring

алка

earring

бүрек

cap

элгеч

coat hanger

эшләпә

hat

галстук

tie

молния каптырмасы

zip

каска

helmet

подтяжка

braces

мәктәп формасы

school uniform

форма

uniform

балалар күкрәкчәсе

bib

имезлек

dummy

подгузник

nappy

офис
office

сервер
server

канцелярия шкафы
filing cabinet

принтер
printer

монитор
monitor

кәгазь
paper

мышка
mouse

язу өстәле
desk

папка
folder

клавиатура
keyboard

кәгазь өчен кәрҗин
waste-paper basket

утыргыч
chair

компьютер
computer

кофе кружкасы

coffee mug

калькулятор

calculator

интернет

internet

ноутбук

laptop

хат

letter

хәбәр

message

кесә телефоны

mobile

челтәр

network

ксерокс

photocopier

программа

software

телефон

telephone

розетка

plug socket

факс

fax machine

формуляр

form

документ

document

сатып алу

buy

түләү

pay

сәүдә

trade

акча

money

доллар

dollar

евро

euro

иена

yen

сум

rouble

франк

Swiss franc

жэньминьби юань

renminbi yuan

рупия

rupee

банкомат

cashpoint

валюта алмаштыру
пункты
bureau de change

алтын

gold

көмеш

silver

җир мае

oil

энергия

energy

бәя

price

килешү

contract

салым

tax

акция

stock

эш

work

эшче

employee

эш бирүче

employer

фабрика

factory

кибет

shop

икътисад - economy

полицейский
police officer

янгын сүндерүче
fireman

пешекче
cook

табиб
doctor

очучы
pilot

бакчачы

gardener

агач остасы

carpenter

тегүче

seamstress

хаким

judge

химик

chemist

актер

actor

автобус йөртүче

bus driver

таксист

taxi driver

балыкчы

fisherman

җыештыручы хатын

cleaning lady

түбә ябучы

roofer

официант

waiter

аучы

hunter

рәссам

painter

пешекче

baker

электрик

electrician

төзүче

builder

инженер

engineer

итче

butcher

сантехник

plumber

хат ташучы

postman

солдат

soldier

архитектор

architect

кассир

cashier

чәчәкче

florist

парикмахер

hairdresser

кондуктор

conductor

механик

mechanic

капитан

captain

теш табибы

dentist

галим

scientist

раввин

rabbi

имам

imam

монах

monk

рухани

clergyman

чүкеч
hammer

плоскогубцы
pliers

отвертка
screwdriver

гайкалы ачкыч
spanner

кесә фонаре
torch

экскаватор

digger

инструментлар өчен
тартма
toolbox

баскыч

ladder

пычкы

saw

кадаклар

nails

дрель

drill

төзәтү

repair

көрәк

shovel

Шайтан алгыры!

Damn!

соскы

dustpan

савытлы буяу

paint pot

винтлар

screws

музыкаль инструментлар
musical instruments

тавыш көчәйткеч

loudspeaker

удар инструмент

drum kit

гитара

guitar

контрабас

double bass

торба

trumpet

пианино

piano

скрипка

violin

бас-гитара

bass

литавра

timpani

барабан

drums

синтезатор

keyboard

саксофон

saxophone

флейта

flute

микрофон

microphone

керү
entrance

юлбарыс
tiger

күзәнәк
cage

зебра
zebra

азык
animal feed

панда
panda

хайваннар

animals

фил

elephant

кɵнгерә

kangaroo

мɵгезборын

rhino

горилла

gorilla

аю

bear

дөя

camel

тәвә кошы

ostrich

арыслан

lion

маймыл

monkey

фламинго

flamingo

тутый кош

parrot

ак аю

polar bear

пингвин

penguin

акула

shark

тавис

peacock

елан

snake

крокодил

crocodile

зоопарк хезмәткәре

zookeeper

тюлень

seal

ягуар

jaguar

зоопарк - zoo

пони

pony

каплан

leopard

су үгезе

hippo

жираф

giraffe

бөркет

eagle

кабан дуңгызы

boar

балык

fish

ташбака

turtle

морж

walrus

төлке

fox

газәл

gazelle

америка футболы
American football

велосипедта йөрү
cycling

теннис
tennis

баскетбол
basketball

йөзү
swimming

бокс
boxing

хоккей
ice hockey

футбол
football

бадминтон
badminton

җиңел атлетика
athletics

гандбол
handball

чаңгы спорты
skiing

поло
polo

сикерү
jump

көлү
laugh

кочаклау
hug

бару
walk

җырлау
sing

хыяллану
dream

гыйбадәт кылу
pray

үбү
kiss

язу

write

рәсем ясау

draw

күрсәтү

show

басу

push

бирү

give

алу

take

үзендә булдыру

have

эшләү

do

булу

be

басып тору

stand

йөгерү

run

тарту

pull

ташлау

throw

егылу

fall

яту

lie

көтү

wait

йөртү

carry

утыру

sit

кию

get dressed

йоклау

sleep

уяну

wake up

карау

look at

елау

cry

үтекләү

stroke

тарау

comb

әйтү

talk

аңлау

understand

сорау

ask

тыңлау

listen

эчү

drink

ашау

eat

тәртипкә китерү

tidy up

сөю

love

әзерләү

cook

машинада бару

drive

очу

fly

хәрәкәт - activities

Җилкәндә йөрү

sail

исәпләү

calculate

уку

read

уку

learn

эш

work

никахлашу

marry

тегү

sew

тешләрне чистарту

brush teeth

үтерү

kill

тәмәке тарту

smoke

җибәрү

send

әби
grandmother

бабай
grandfather

әти
father

әни
mother

сабый
baby

кыз
daughter

ул
son

кунак

guest

түти

aunt

абый

uncle

кардәш

brother

апа

sister

маңгай
forehead

күз
eye

кулбаш
shoulder

бармак
finger

бит
face

ияк
chin

кул чугы
hand

күкрәк
breast

аяк
leg

кул
arm

сабый

baby

ир

man

хатын

woman

кыз

girl

малай

boy

баш

head

арка

back

эч

belly

кендек

belly button

аяк бармагы

toe

үкчә

heel

сөяк

bone

бот

hip

тез

knee

терсәк

elbow

борын

nose

арт сан

bottom

тире

skin

яңак

cheek

колак

ear

ирен

lip

тән - body

авыз

mouth

теш

tooth

тел

tongue

ми

brain

йөрәк

heart

мускул

muscle

үпкәләр

lung

бавыр

liver

ашказан

stomach

бөерләр

kidneys

җенси акт

sex

презерватив

condom

күкәйлек

ovum

сперма

semen

көмәнлек

pregnancy

тән - body

кҮрем

menstruation

вагина

vagina

пенис

penis

каш

eyebrow

чәчләр

hair

муен

neck

хастаханә
hospital

ашыгыч ярдәм
машинасы
ambulance

кәнәфи-каталка
wheelchair

сыну
fracture

табиб

doctor

беренче ярдәм пункты

emergency room

шәфкать туташы

nurse

кичектергесез хәл

emergency

аңсыз

unconscious

авырту

pain

зыян килү

injury

кан агу

bleeding

инфаркт

heart attack

инсульт

stroke

аллергия

allergy

ютәл

cough

югары температура

fever

грипп

flu

эч киту

diarrhoea

баш авырту

headache

кысла

cancer

диабет

diabetes

хирург

surgeon

скальпель

scalpel

операция

operation

КТ

CT

рентген

x-ray

ультратавыш

ultrasound

битлек

face mask

авыру

disease

кабул итү бүлмәсе

waiting room

култык таягы

crutch

пластырь

plaster

бинт

bandage

укол кадау

injection

стетоскоп

stethoscope

носилки

stretcher

термометр

clinical thermometer

туу

birth

артык авырлык

overweight

колак аппараты

hearing aid

йогышсызландыру чарасы

disinfectant

инфекция

infection

вирус

virus

ВИЧ / СПИД

HIV / AIDS

дару

medicine

прививка

vaccination

таблеткалар

tablets

балага узмас өчен таблетка

pill

ашыгыч чакыру

emergency call

кан басымын үлчәү өчен прибор

blood pressure monitor

авыру / сәламәт

ill / healthy

Ярдәм итегез!

Help!

тревога сигналы

alarm

һөҗүм итү

assault

һөҗүм

attack

куркыныч

danger

запас чыгу урыны

emergency exit

Янгын!

Fire!

ут сүндергеч

fire extinguisher

каза

accident

даруханә

first-aid kit

SOS

SOS

полиция

police

Европа

Europe

Төньяк Америка

North America

Көньяк Америка

South America

Африка

Africa

Азия

Asia

Австралия

Australia

Атлантик океан

Atlantic

Тын океан

Pacific

Һинд океаны

Indian Ocean

Антарктик океан

Antarctic Ocean

Төньяк Боз океаны

Arctic Ocean

Төньяк полюс

North Pole

Көньяк полюс

South Pole

Антарктика

Antarctica

җир

Earth

коры җир

land

диңгез

sea

утрау

island

милләт

nation

дәүләт

state

сәгать циферблаты

clock face

сәгать угы

hour hand

минут угы

minute hand

секунд угы

second hand

Әле сәгать ничә?

What time is it?

көн

day

вакыт

time

хәзер

now

электрон сәгать

digital watch

минут

minute

сәгать

hour

дүшәмбе
Monday

MO

W

чәршәмбе
Wednesday

FR

җомга
Friday

TU

TH

SA

сишәмбе
Tuesday

шимбә
Saturday

SO

пәнҗешәмбе
Thursday

якшәмбе
Sunday

кичә

yesterday

бүген

today

иртәгә

tomorrow

иртә

morning

төш

noon

кич

evening

эш көннәре

business days

ял көннәре

weekend

яңгыр
rain

салават күпере
rainbow

жил
wind

кар
snow

яз
spring

көз
autumn

җәй
summer

кыш
winter

4.APRIL	11°	☀
5.APRIL	4°	☁
6.APRIL	13°	🌧
7.APRIL	8°	❄
8.APRIL	10°	❄

һава торышы

weather forecast

термометр

thermometer

кояш яктысы

sunshine

болыт

cloud

томан

fog

дымлылык

humidity

яшен

lightning

күк күкрәү

thunder

давыл

storm

боз

hail

муссон

monsoon

су басу

flood

боз

ice

гыйнвар

January

февраль

February

март

March

апрель

April

май

May

июнь

June

июль

July

август

August

сентябрь
....
September

октябрь
....
October

ноябрь
....
November

декабрь
....
December

божра
....
circle

квадрат
....
square

турыпочмак
....
rectangle

өчпочмак
....
triangle

шар
....
sphere

куб
....
cube

ак

white

сары

yellow

кызгылт сары

orange

ал

pink

кызыл

red

шəмəхə

purple

зəңгəр

blue

яшел

green

көрəн

brown

соры

grey

кара

black

күп / аз

a lot / a little

усал / тыныч

angry / calm

матур / ямьсез

beautiful / ugly

башы / ахыры

beginning / end

зур / кечкенә

big / small

якты / караңгы

bright / dark

абый / эне

brother / sister

чиста / пычрак

clean / dirty

тулы / тулы түгел

complete / incomplete

көн / төн

day / night

үле / тере

dead / alive

киң / тар

wide / narrow

ашарга яраклы / ашарга
яраксыз
edible / inedible

явыз / яхшы
evil / kind

дулкынланган / сагынган
excited / bored

юан / ябык
fat / thin

башта / азакта
first / last

дус / дошман
friend / enemy

тулы / буш
full / empty

каты / йомшак
hard / soft

авыр / җиңел
heavy / light

ачлык / сусау
hunger / thirst

авыру / сәламәт
ill / healthy

хокуксыз / хокуклы
illegal / legal

акыллы / акылсыз
intelligent / stupid

сулдан / уңнан
left / right

якын / ерак
near / far

яңа / тотылган

new / used

бер нәрсә дә / нәрсәдер

nothing / something

өлкән / яшь

old / young

тоташтырылган /
сүндерелгән

on / off

ачык / ябык

open / closed

әкрен / кычкырып

quiet / loud

бай / ярлы

rich / poor

дөрес / дөрес түгел

right / wrong

кытыршы / шома

rough / smooth

моңсу / бәхетле

sad / happy

кыска / озын

short / long

җай / тиз

slow / fast

дымлы / коры

wet / dry

җылы / салкын

warm / cool

сугыш / тынычлык

war / peace

капма-каршылыклар - opposites

0

ноль

zero

1

бер

one

2

ике

two

3

өч

three

4

дүрт

four

5

биш

five

6

алты

six

7

җиде

seven

8

сигез

eight

9

тугыз

nine

10

ун

ten

11

унбер

eleven

12

унике

twelve

13

унөч

thirteen

14

ундүрт

fourteen

15

унбиш

fifteen

16

уналты

sixteen

17

унҗиде

seventeen

18

унсигез

eighteen

19

унтугыз

nineteen

20

егерме

twenty

100

йөз

hundred

1.000

мең

thousand

1.000.000

миллион

million

инглизчә

English

американча инглиз

American English

мандаринча Кытай

Chinese Mandarin

һинди

Hindi

испан

Spanish

француз

French

гарәп

Arabic

рус

Russian

португал

Portuguese

бенгал

Bengali

алман

German

япон

Japanese

мин

I

син

you

ул / ул / ул

he / she / it

без

we

сез

you

алар

they

кем?

who?

нәрсә?

what?

ничек?

how?

кайда?

where?

кайчан?

when?

исем

name

артта

behind

эчендә

in

алда

in front of

өстендә

over

өстенә

on

астында

under

янәшә

beside

арасында

between

урын

place